BEI GRIN MACHT SICH IHR WISSEN BEZAHLT

Bibliografische Information der Deutschen Nationalbibliothek:

Die Deutsche Bibliothek verzeichnet diese Publikation in der Deutschen National-
bibliografie; detaillierte bibliografische Daten sind im Internet über http://dnb.d-
nb.de/ abrufbar.

Impressum:

Copyright © 2013 GRIN Verlag, Open Publishing GmbH
Druck und Bindung: Books on Demand GmbH, Norderstedt Germany
ISBN: 9783668286559

Dieses Buch bei GRIN:

http://www.grin.com/de/e-book/338980/der-weihnachtsfriede-von-1914-die-stille-
revolte-der-menschlichkeit

Michael Kubitscheck

Aus der Reihe: e-fellows.net schüler-wissen

e-fellows.net (Hrsg.)

Band 1610

Der Weihnachtsfriede von 1914. Die stille Revolte der Menschlichkeit

GRIN Verlag

GRIN - Your knowledge has value

Der GRIN Verlag publiziert seit 1998 wissenschaftliche Arbeiten von Studenten, Hochschullehrern und anderen Akademikern als eBook und gedrucktes Buch. Die Verlagswebsite www.grin.com ist die ideale Plattform zur Veröffentlichung von Hausarbeiten, Abschlussarbeiten, wissenschaftlichen Aufsätzen, Dissertationen und Fachbüchern.

Besuchen Sie uns im Internet:

http://www.grin.com/

http://www.facebook.com/grincom

http://www.twitter.com/grin_com

Der Weihnachtsfriede von 1914:

Die stille Revolte der

Menschlichkeit

Facharbeit von: Michael Kubitscheck

Erstellt am: 12. März 2013

Abiturjahrgang: 2014

Fach: Geschichte

Schule: Arnold-Janssen-Gymnasium

Inhaltsverzeichnis

1. Einführung

Im Rahmen der Suche nach einem geeigneten Facharbeitsthema in Geschichte konzentrierte ich mich zunächst vor allem auf diverse Schlachten im Ersten Weltkrieg. Das unvorstellbare Massensterben und das unendliche Leid der Menschen in diesem industriell geprägten Krieg beeindruckten und schockierten mich zugleich. Im Ersten Weltkrieg, der als der erste der Moderne und als Urkatastrophe des 20. Jahrhunderts in die Historie einging, wurde der Mensch im brutalen Stellungskrieg an der Westfront zunehmend zum Material. Ob nun das anscheinend ewig andauernde Artilleriefeuer – unterstützt durch den Einsatz von chemischen Waffen - oder die Aufbietung moderner Kriegsmaschinen - der Fantasie der obersten Heeresleitung der Kriegsnationen bei dem Erfinden von tödlichen Waffen mit immer größerer Effizienz waren keine Grenzen gesetzt. Eine noch nie in diesem Ausmaß dagewesene Propaganda und der absolute Gehorsam gegenüber den Offizieren ließen die Menschlichkeit in den Weiten des Niemandslandes an der Westfront in Vergessenheit geraten.

Dieser Krieg überstieg an Grausamkeit und Brutalität, an Herzlosigkeit, Unmenschlichkeit und Scheußlichkeit das Vorstellungsvermögen der Menschen und manifestierte ihnen, was ein Mensch dem anderen antun kann. Der Mechanismus des Krieges war schlicht zu stark für Humanität und Solidarität. Außerdem wurde der Gedanke, dass man dieselben Sorgen, Hoffnungen und Wünsche hatte wie der Feind, den man im Begriff war zu töten, unterdrückt oder nie zu Ende gedacht.

Die bevorstehende erste Kriegsweihnacht im Jahre 1914 führte die Soldaten in den Schützengräben vielerorts zur Erkenntnis. Man sehnte sich nach Frieden. Man sah das Humane in dem Feind.

Nun geschah am Heiligabend an einigen Stellen der Westfront das Unvorstellbare: Man schuf ein Stück Himmel auf Erden in der Hölle des Krieges, als Soldaten verschiedener Nationen sich die Hand reichten und das Fest der Nächstenliebe gemeinsam feierten. Aus Feinden wurden Freunde. Ein Märchen, das sich aber tatsächlich so zugetragen hat und als Weihnachtsfriede von 1914 in die Historie einging.

Dies war der Triumph der Menschlichkeit. Die stille humane Revolte an der Westfront des Ersten Weltkrieges hatte vorübergehend gesiegt.

In meiner Facharbeit möchte ich zunächst den historischen Rahmen für den Weihnachtsfrieden aufzeigen, indem ich den Kriegsausbruch und den Kriegsverlauf im Westen bis Weihnachten 1914 darlege. Anschließend werde ich die auslösenden Elemente für den Waffenstillstand im Dezember des ersten Kriegsjahres erläutern und diesen mittels diverser Erfahrungen von Zeitzeugen darstellen. Des Weiteren werde ich das Ende des Weihnachtsfriedens schildern und letztlich den Stellenwert dieses Ereignisses damals und heute erörtern.

2. Der Erste Weltkrieg

Der Erste Weltkrieg gilt allgemein als Urkatastrophe des 20. Jahrhunderts oder auch als „Schlangenei des Zweiten"[1]. Mit Beginn des ersten modernen und industriellen Krieges endete das sogenannte „lange" 19. Jahrhundert. Ein Weltenbrand wurde entfacht. Um die Umstände an der Westfront an Weihnachten 1914 verständlich darzulegen, erläutere ich, wie der Erste Weltkrieg ausgelöst wurde, und in diesem Kontext beschreibe ich auch die Reaktion der Bevölkerung in den Kriegsnationen. Zudem schildere ich den Kriegsverlauf an der Westfront von August bis Dezember 1914, um die damalige Situation beim Einsetzen des Weihnachtsfriedens zu verdeutlichen.

2.1 Der Ausbruch des Krieges

Der Thronfolger des dem Untergang geweihten Vielvölkerstaates Österreich-Ungarn Franz Ferdinand und seine Frau Sophie wurden am 28. Juni 1914 von dem serbischen Nationalisten Gavrilo Princip in Sarajevo ermordet. Daraufhin wurde Serbien, dessen Schutzmacht Russland war, von der sogenannten Donaumonarchie ein Ultimatum gestellt. Unterdessen versicherte Frankreich Russland, treu im drohenden Krieg zu dem bereits existierenden Bündnis zu stehen. Bei Kriegsausbruch hätte das Deutsche Reich seinem österreich-ungarischen Bündnispartner „Nibelungentreue – bis zum Untergang"[2] geleistet, denn der deutsche Generalstab sah die Möglichkeit, durch einen Präventivkrieg den deutschen Weltmachtstatus zu wahren und zu vergrößern, indem man der drohenden anti-deutschen Übermacht zuvorkam.

---

[1] Knopp, S. 51
[2] Knopp, S. 50

Sowohl Russland als auch Österreich-Ungarn erschien ein möglicher Krieg als günstige Gelegenheit, innenpolitische Probleme durch militärische Erfolge im Ausland aus dem Brennpunkt der Öffentlichkeit zu drängen. Frankreichs Ziel im drohenden Krieg war es, der demütigenden Niederlage im deutsch-französischen Krieg von 1870/71 eine Revanche folgen zu lassen und das an Deutschland gefallene Elsass-Lothringen wieder in den französischen Nationalstaat einzugliedern.

Es ist zu konstatieren, dass es vor allem drei Hauptursachen gab, die den Ersten Weltkrieg letztlich in seiner allumfassenden Form möglich machten. Der erste entscheidende Grund war, dass Österreich-Ungarn den Serben am 28. Juli 1914, also exakt einen Monat nach dem Attentat von Sarajevo, den Krieg erklärte, obwohl diese dem gestellten Ultimatum weitestgehend zustimmten. Die zweite Hauptursache war die Generalmobilmachung Russlands am 30. Juli 1914, wodurch der sogenannte „‚ Mechanismus der Verträge ‘"[3] ausgelöst wurde. Dass London sich letztlich gezwungen sah, die diplomatischen Beziehungen zum Deutschen Reich zu beenden, ist auf die „Verletzung der belgischen Neutralität"[4] während der Ausführung des Schlieffenplans zurückzuführen und hatte den baldigen Kriegseintritt Großbritanniens zur Folge. Der dritte maßgebliche Grund.

Der Weltenbrand war entfesselt.

Die Friedenszeit in Europa war vorbei. Sich in einem Freudentaumel befindend, strömten die Massen in den Krieg und feierten bereits nicht zu erringende Siege und besonders die erfolgreiche Verteidigung der Heimat. Denn: Jeder fühlte sich als Verteidiger, niemand als Angreifer. Man dankte Gott für diesen Krieg. Mit Euphorie und Enthusiasmus in den Untergang Europas. Der deutsche Schriftsteller Thomas Mann beschrieb dieses Ereignis im August 1914 folgendermaßen:

„‚ Krieg! Es war Reinigung, Befreiung, was wir empfanden, und eine ungeheure Hoffnung! ‘"[5]

Diese Freude über den bevorstehenden Krieg wird besonders deutlich an der Tatsache, dass die Rekrutierungsbüros aller kriegführenden Nationen einen Ansturm von jungen Leuten registrierten, der alles bisher Dagewesene in den Schatten stellte.

---

[3] Knopp, S. 51
[4] Arthur, S. 48
[5] Mann zitiert nach Knopp, S. 50

2.2 Der Kriegsverlauf im Westen bis Weihnachten 1914

Der deutsche Schlieffenplan sah einen schnellen Durchmarsch durch das neutrale Belgien vor, um die französische Armee in einer Flügelzange einzuschließen und zu vernichten. Darauffolgend sollte Paris und ganz Frankreich besetzt werden und der Krieg im Westen möglichst schnell beendet werden, um die volle Konzentration auf den Krieg im Osten zu richten. Diese Strategie wurde gewählt, weil die Oberste Heeresleitung glaubte, so einen Zwei-Fronten-Krieg vermeiden zu können.

Anfängliche Erfolge der deutschen Armee ließen das Versprechen des deutschen Kaisers Wilhelm II., man sei bis Weihnachten wieder zuhause, noch nicht vollends zu einer trügerischen Hoffnung werden.

Das änderte sich spätestens mit der ersten Schlacht an der Marne vom 5. bis zum 12. September 1914, die das deutsche Heer nicht erfolgreich gestalten konnte und sich zurückziehen musste, um noch größere Verluste zu vermeiden. Niemand der beiden Kriegsparteien konnte die Frontlinien im Verlaufe des Jahres 1914 entscheidend zu seinen Gunsten verschieben. Hohe Verlustzahlen und zunehmender Munitionsmangel hatten eine eher defensive Grundordnung der Kontrahenten zur Folge. Die Front war erstarrt. Aus Schützengräben wurden unüberwindbare Verteidigungssysteme. Aus einem anfänglichen Bewegungskrieg entwickelte sich bis Weihnachten 1914 ein brutaler Stellungskrieg:

„Der Sturmlauf gegen Westen endete alsbald in einem mörderischen Grabenkrieg."[6]

Ein Ende des Krieges war nicht in Sicht. Jegliche Illusionen auf eine schnelle Rückkehr in die Heimat wurden den Soldaten geraubt.

3. Hauptursachen des Weihnachtsfriedens von 1914

Untersucht man die auslösenden Elemente, die maßgeblich zum Waffenstillstand am Heiligabend 1914 an einigen Stellen der Front führten, ist zu konstatieren, dass vor allem der Wunsch nach Frieden an Weihnachten immer stärker wurde. Außerdem machte sich eine gewisse Resignation unter den Soldaten in beiden Lagern breit und die Bereitschaft, in weitere Blutbäder zu ziehen, sank.

---

[6] Knopp, S. 51

Auf diesen Themenkomplex wird im Folgenden in besonderer Betrachtung auf die Situation in den Schützengräben näher eingegangen.

Neben den geschilderten Aspekten werde ich die Auswirkung der damals noch geltenden militärischen Konventionen und den Einfluss der von der christlichen Religion geprägten menschlichen Kultur auf den Weihnachtsfrieden von 1914 herausstellen.

Diese Hauptursachen ließen den Triumph der Humanität Wirklichkeit werden.

3.1 Die Situation in den Schützengräben

Im Dezember 1914 starben mehr Soldaten durch Kälte, Nässe und Krankheit als durch feindliches Feuer, häufig an Fuß- oder Wundbrand. In den ersten vier Kriegsmonaten ließen rund 160.000 Briten und ungefähr 300.000 junge Deutsche an der Westfront des Ersten Weltkrieges ihr Leben.[7] Mit sinkender Temperatur gingen die Kampfmoral und die Disziplin der Soldaten zurück. Die überschwängliche Kriegseuphorie wich der Depression und der Resignation angesichts grausamer Zustände im und um den Schützengraben. Der französische Truppenarzt und Schriftsteller Georges Duhamel beschrieb das Leben an der Front wie folgt:

„, Man ißt, trinkt neben den Toten, man schläft unter den Sterbenden, man lacht in der Gesellschaft von Leichen. '"[8]

Allerdings ist festzuhalten, dass an der Westfront noch einzelne Landstriche oder Felder zu erkennen waren, da die moderne Materialschlacht im Ersten Weltkrieg hauptsächlich erst ab 1915 der Landschaft ihren Stempel aufdrückte.

Um der sinkenden Bereitwilligkeit der Soldaten, weitere Schlachten zu schlagen, entgegenzuwirken, sah man in den Kriegsnationen die Möglichkeit, durch Propaganda den Willen zum Töten zu entfachen. Diese Idee schlug fehl. Kaum eine der Parolen, die in der Heimat publiziert worden waren, erreichte die Schützengräben. Das, was tatsächlich die Frontsoldaten erhielten, waren viele Briefe aus der Heimat, die die Sehnsucht nach Frieden und Familie noch steigerten.

Beiderseits sollten kleine Weihnachtsgeschenke, die sogar die vordersten Frontlinien erreichten, die Stimmung innerhalb der Truppe am Weihnachtsfest heben. So schickte

---

[7] vgl. Becker, Internetquelle 1
[8] Duhamel zitiert nach Knopp, S. 52

die deutsche Oberste Heeresleitung beispielsweise Tausende von kleinen Tannenbäumen. Alle Anstrengungen wurden mit der Absicht getätigt, um die Sehnsucht der Soldaten nach Heimat, Ruhe und Frieden zu stillen – vergeblich.

Eine von den Alliierten initiierte Großoffensive am 19. Dezember 1914 endete im brutalen Gemetzel ohne nennenswerte Erfolge und ließ die Kampfmoral der Soldaten nur 5 Tage vor dem Heiligabend weiter sinken.

Für viele Menschen war Weihnachten das entscheidende Datum, an dem der Kriegserfolg und die Geburt Jesu im Kreise der Familie gefeiert werden sollte. Letztlich war es aber der Tag, an dem jedem Einzelnen die Erkenntnis zu Teil wurde, dass die Hoffnungen auf ein baldiges Ende des Krieges absurd sind.

Der Wunsch nach Frieden wurde bei allen Soldaten der Westfront stärker, je näher Weihnachten rückte, was durch die Eindrücke eines Briten am Heiligabend eindrucksvoll geschildert wird:

„‚ Auf beiden Seiten herrschte eine Stimmung, dass endlich Schluss sein möge. Wir litten doch alle gleichermaßen unter Läusen, Schlamm, Kälte, Ratten und Todesangst. ‚‘[9]

Am Heiligabend 1914 aber schien der Traum von einem friedlichen Weihnachtsfest vielerorts zunehmend zu einer trügerischen Hoffnung, zu einer Illusion zu werden.

Nur das absolute Verlangen der Frontsoldaten nach Frieden ermöglichte die stille Revolte der Menschlichkeit. Die grausamen Kriegsumstände erschienen trivial.

3.2 Die militärischen Konventionen

Im Gegensatz zu späteren Kriegen wurden völkerrechtliche Vereinbarungen wie die Haager Landkriegsordnung bis Weihnachten 1914 weitestgehend geachtet. Außerdem galt der Krieg stets als legales Mittel der Politik: Wenn also eine diplomatische Lösung eines Konfliktes zwischen zwei Nationen unmöglich schien, ging man nunmehr militärisch vor.

Kam es zum Krieg, wurde der Feind meist als Gegner in einem sportlichen Wettkampf angesehen, weniger als Mörder von unschuldigen Kindern, wie es von den Kriegsnationen propagiert wurde. Somit wurde der Mensch häufig noch als solcher

---

[9] Britischer Gefreiter zitiert nach Driessen, Internetquelle 2

wahrgenommen, was die Verbrüderung an Weihnachten 1914 letztlich auch möglich machte, weil die Menschlichkeit des Gegenübers grundsätzlich von beiden Kontrahenten respektiert wurde.

Hinzu kam, dass gewisse Normen und bestimmte Traditionen zwischen den Schützengräben existierten, die den Weg zum Weihnachtsfrieden von 1914 ebneten. Denn beispielsweise wurde nach verlustreichen Gefechten eine Schieß- bzw. Ruhepause vereinbart, um verwundete Soldaten ärztlich zu versorgen oder Gefallene den Umständen entsprechend zu bestatten.

Sowohl diese Absprachen als auch die geringe räumliche Distanz zwischen den verfeindeten Schützengräben, die teilweise an einigen Stelle der Westfront lediglich 50 Meter betrug, hatten zur Folge, dass die Kontrahenten sich annähern konnten.

3.3 Die christliche Kultur

Europaweit war zu Beginn des 20. Jahrhunderts der christliche Glauben vorherrschend und die Menschen pflegten eine intensive Beziehung zu ihrem Glauben. Oft ermöglichte das Vertrauen zu Gott die Bewältigung von außerordentlichen Situationen auf den Schlachtfeldern.

Die meisten Soldaten, überwiegend christlich geprägt, die an der Westfront des Ersten Weltkrieges kämpften, hatten ein ähnliches Verständnis von Weihnachten als Fest der Nächstenliebe.

Häufig sangen die Christen über Ländergrenzen hinweg zu Weihnachten dieselben Lieder, deren Texte lediglich in die jeweilige Landesprache übersetzt worden sind. Ein Beispiel dafür ist „Stille Nacht, Heilige Nacht", das weltweit in 39 unterschiedlichen Sprachen existiert.

An Weihnachten 1914 war das kollektive Singen solcher weihnachtlicher Melodien ein ausschlaggebendes Element zur Verbrüderung der verfeindeten Soldaten.

Abschließend ist zu unterstreichen, dass die in Europa weit verbreitete christliche Kultur somit einen entscheidenden Beitrag zum Triumph der Menschlichkeit leistete.

4. Der Waffenstillstand an Weihachten 1914

Das Fundament zur Realisierung des Weihnachtsfriedens von 1914 war also gelegt. Neben dessen Anfängen werde ich diverse Ereignisse an verschiedenen Frontabschnitten der Westfront schildern und die Atmosphäre und die Gegebenheiten während des weihnachtlichen Waffenstillstands mit Hilfe von persönlichen Erfahrungen der Soldaten verdeutlichen. Des Weiteren wird beschrieben, wie der Weihnachtsfrieden von 1914 endete.

4.1 Der Beginn des Weihnachtsfriedens

Die Geschehnisse, die den weihnachtlichen Waffenstillstand von 1914 beginnen ließen, ähnelten sich vielerorts. Exemplarisch für einen Frontabschnitt, an dem Weihnachten ungeachtet der Nationalität der Soldaten gemeinsam gefeiert wurde, ist das französische Dorf Fleurbaix, das in der nördlichsten Region Frankreichs, im Pas-de-Calais, liegt.

Dort schallten weihnachtliche Lieder über das Niemandsland, häufig von den Deutschen angestimmt. Das, was zudem in den feindlichen britischen Schützengräben wahrgenommen wurde, waren unzählige Lichter auf der deutschen Seite, die „ausnahmsweise nicht von Mündungsfeuer"[10], sondern von feierlich geschmückten kleineren Tannenbäumen stammten. Zögernd bewegten sich nun unbewaffnete deutsche Soldaten langsam auf die in diesem Moment noch feindlichen Stellungen zu und beteuerten ihre Friedensabsichten auf Englisch, das mit einem unverkennbaren sächsischen Akzent belegt war. Anfänglich noch zaudernd, kamen die Briten den Deutschen entgegen, um letztlich umso entschlossener das Weihnachtsfest 1914 Hand in Hand zu feiern.

Das, was in Fleurbaix geschah, steht als Beispiel für sich ähnelnde Ereignisse an verschiedenen Frontabschnitten der Westfront, an denen es die dort stationierten Soldaten ihren Kameraden in der Nähe des französischen Dorfes gleichtaten und ihren persönlichen Frieden an Weihnachten schlossen. Besonders häufig war das der Fall im bereits blutdurchtränkten Flandern, wo die Schützengräben nur zwischen 20 bis 100 Meter auseinanderlagen.

---

[10] Kloth, Internetquelle 3

Überall dort hatte die Menschlichkeit sich der Zwänge des Krieges entledigt.

Oft waren es - wie in dem oben geschilderten Musterbeispiel der Ereignisse am Heiligabend 1914 dargestellt - Briten und Deutsche, die Weihnachten friedlich feierten. Dagegen kam es seltener auf französischer oder belgischer Seite zur Verbrüderung mit dem Feind, da häufig die Erbitterung über die Deutschen größer war als auf Seiten der Briten. Grund dafür war, dass sowohl die Belgier als auch die Franzosen unmittelbar mit den schrecklichen Folgen des Krieges für ihr Heimatland konfrontiert waren.

Außerdem ist es umso bemerkenswerter, dass es zu dieser Fraternisierung feindlicher Soldaten an Weihnachten 1914 kam, da es in der Vorweihnachtszeit einen unrühmlichen Vorfall gab: Deutsche Soldaten schienen sich zu ergeben und kamen auf die Briten zu. Als diese dann den Deutschen vertrauten, gerieten sie in einen Hinterhalt und wurden kaltblütig erschossen.

Aufgrund dieses Ereignisses forderten die Offiziere - veranlasst durch entsprechende Weisungen - am Heiligabend bedingungslose Disziplin ein und versuchten, sich somit gegen die Revolte der Menschlichkeit zu stellen. Allerdings mussten sie schnell erkennen, dass vielerorts diese Forderung kein Gehör fand. So schilderte es auch der britische Soldat Frank Sumpton von der London Rifle Brigade:

„‚ Keine Fraternisierung! ‘, befahlen die Offiziere und drehten uns den Rücken zu. Sie versuchten gar nicht erst, es zu verhindern, weil sie wussten, dass es nicht nützen würde. ‘"[11]

Der absolute Wille nach Frieden an Weihnachten ließ die Soldaten jegliche Angst vergessen, was der britische Gefreite Frederick W. Heath signifikant darstellt:

„‚ Wie konnten wir dem widerstehen, uns gegenseitig schöne Weihnachten zu wünschen? ‘"[12]

4.2 Verschiedene Ereignisse und Erfahrungen

Den weihnachtlichen Waffenstillstand von 1914, der an einigen Frontabschnitten bis ins nächste Jahr andauerte, nutzen viele Soldaten nicht nur als Gelegenheit, das Fest der Nächstenliebe zu feiern, sondern auch zu allerhand anderen Dingen.

---

[11] Sumpton zitiert nach Arthur, S. 70
[12] Heath zitiert nach Becker, Internetquelle 1

Es wurden Zigaretten und Adressen ausgetauscht, Geschichten aus der Heimat erzählt, Bilder der Liebsten gezeigt und manchmal sogar festgestellt, dass man einem alten Bekannten gegenüber stand, zum Beispiel dem „Deutschen, der vor dem Krieg in London als Kellner gearbeitet hat"[13].

Außerdem wurde in der Umgebung des französischen Dorfes Formelles ein Gottesdienst gefeiert und der 23. Psalm – der Herr ist mein Hirte - wurde in Deutsch und in Englisch gesprochen.[14]

An einigen Frontabschnitten schenkte man sich gegenseitig das Weihnachtsessen und oftmals war „„ nach dem ersten Bissen ‴[15], so schrieb es der Brite Frederick W. Heath, Freundschaft geschlossen. Besonders unorthodox gelangten die Briten an einen Schokoladenkuchen als Sympathiebekundung der Sachsen: Letztgenannte warfen diesen gut verpackt und zielsicher in den britischen Schützengraben.

Allerdings erarbeiteten vor allem britische Offiziere Pläne, das gewonnene Vertrauen der Deutschen auszunutzen. Nachdem man aus den Schützengräben hinausblickend gesungen hatte, wollte man mit einem gezielten Artillerieschlag den Feind eliminieren. Doch die deutschen Soldaten durchkreuzten sämtliche Pläne, indem sie ihrerseits den Briten erklärten, nicht schießen zu wollen. Denselben Gedanken hegten die britischen Soldaten und man versammelte sich mitten im Niemandsland um einen Weihnachtsbaum und sang gemeinsam Lieder.

Augenzeuge war damals Josef Wenzl vom bayerischen Reserve-Infanterie-Regiment 16, in dem auch Adolf Hitler diente. Dieser Moment wirkte auf Wenzl wie folgt:

„„ Diesen Anblick werde ich mein Leben lang nicht vergessen. ‴[16]

Doch das, was die Menschen bis heute am stärksten mit dem Weihnachtsfrieden von 1914 assoziieren, sind die Fußballspiele zwischen Briten, Schotten und Deutschen, die sich tatsächlich so zu getragen haben. War kein Ball vorhanden, so nahm man alte Blechdosen, waren keine Pfosten zu entbehren, wurden auch schon mal die Pickelhauben der deutschen Soldaten oder die Feldmützen der Briten verwendet. So

---

[13] Becker, Internetquelle 1
[14] vgl. Becker, Internetquelle 1
[15] Heath zitiert nach Kloth, Internetquelle 3
[16] Wenzl zitiert nach Kloth, Internetquelle 3

jagten dann oft hundert erwachsene Männer unbekümmert dem Ball hinterher und konnten diese kleinen Momente der Menschlichkeit unbeschwert genießen.

4.3 Das Ende des weihnachtlichen Waffenstillstands

Überwiegend hielt der Waffenstillstand bzw. Weihnachtsfrieden nur am 23. und 24. Dezember 1914, an einigen britischen Frontabschnitten bis zum 25. oder 26. Dezember 1914 (boxing day), an wenigen Stellen der Front, meist mit schottischer Beteiligung, gar bis Januar 1915, da Neujahr ein besonderer Feiertag in Schottland ist.

Zunächst wurde der Weihnachtsfrieden von den Offizieren weitestgehend gebilligt, ehe aber die Angst, dass die Soldaten nicht mehr bereit sind, erneut in blutige Gefechte zu ziehen, wuchs. Die Fraternisierung der früheren Feinde sollte unverzüglich rückgängig gemacht werden. Den Soldaten beider Kriegsparteien wurden harte Disziplinarmaßnahmen oder Strafen angedroht, falls man den Anweisungen der Offiziere nicht Folge leistete. Dies war oft von Erfolg gekrönt. Manchmal kam es allerdings auch dazu, dass die Ausführung des Schießbefehls zumindest kurzzeitig verweigert wurde, ehe das Massensterben und das unendliche Leiden von neuem begannen. Es muss den Soldaten unglaublich schwer gefallen sein, Menschen zu töten, mit denen sie einige Tage zuvor Weihnachten gefeiert haben.

Vielerorts unterbrachen letztlich donnerndes Artilleriefeuer oder unerwartete Schüsse das feierliche Singen in den Schützengräben. Die erneute Aufnahme der Gefechte wurde von den Machtpolitikern und Militärs oktroyiert, die niemals imstande waren, den Wert eines einzelnen Lebens zu erfassen – oftmals und bedauerlicherweise bis heute nicht.

Der Weihnachtsfrieden von 1914 musste dem Krieg weichen. Die Menschlichkeit geriet in der Hölle des Krieges stärker als je zuvor in Vergessenheit.

Allerdings gilt: Die Symbolkraft, die Gedanken und Ideen dieser stillen Revolte der Menschlichkeit sind bis heute lebendig.

5. Die Bedeutung des Weihnachtsfriedens von 1914

Der Weihnachtsfrieden von 1914 mag einem pazifistischen Märchen gleichen, das die Wirklichkeit des Krieges romantisiert. Es ist aber zu konstatieren, dass sich diese

Verbrüderung von Soldaten verschiedener Nationen tatsächlich so zugetragen hat. Unzählige Feldpostbriefe und Tagebucheinträge manifestierten den Triumph der Humanität in der Hölle des Krieges.

Politisch darf man dem Weihnachtsfrieden von 1914 zu damaliger Zeit keinen größeren Stellenwert zuschreiben, zumal die deutsche Presse diese Geschehnisse an der Westfront niemals erwähnte und, obwohl man auf britischer und französischer Seite in dieser Beziehung liberaler war, wurden die Ereignisse dort auch nur im reduzierten Maße wiedergegeben. Nicht überall an den Frontabschnitten in ganz Europa wurde dem Massensterben vorübergehend ein Ende bereitet - sogar das Gegenteil war der Fall: Am Heiligabend 1914 warf der deutsche Oberleutnant Friedrich von Arnauld de la Perrière die erste Bombe über England in den Garten eines Pfarrhauses in Dover ab.[17] Dies war der Startschuss zu einer Art der Kriegsführung, dessen brutale Intensität spätere Kriegsgenerationen miterleben mussten.

Außerdem zogen die militärischen Befehlshaber ihre Lehren aus dem Waffenstillstand der Soldaten an Weihnachten 1914 und waren dadurch in der Lage, unter Androhung der Todesstrafe jeglicher Fraternisierung in den folgenden Kriegsjahren entgegenzuwirken.

Somit blieb der weihnachtliche Frieden ein bemerkenswertes Ereignis mit einem einzigartigen Charakter, das beispiellos in die Historie einging.

Der Weihnachtsfrieden von 1914 - also nur eine Randnotiz im Ersten Weltkrieg? Beileibe nicht.

Diese stille Revolte der Menschlichkeit enthält eine bedeutende Symbolkraft für heute. Denn Frieden wurde gestiftet, nicht ermöglicht durch einen mörderischen Militärapparat, der durch die obersten Generäle befehligt wurde, sondern von unten - durch den ungeheuren Mut der Soldaten, die die Angst überwanden, dem Feind vertrauten und somit ein Stück Himmel auf Erden in der Hölle des Krieges schufen. Der US-amerikanische Country-Sänger Garth Brooks beschäftigt sich in seinem Lied „Belleau World" mit dem Weihnachtsfrieden von 1914 und erläutert den geschilderten Kontext:„Heaven is not beyond the clouds, it's just beyond the fear. " Des Weiteren dokumentieren sowohl einige monumentale Denkmäler in Flandern und

---

[17] vgl. Kloth, Internetquelle 3

Nordfrankreich als auch der 2006 für den Oscar und für den Golden Globe Award nominierte Film „Merry Christmas" von Christian Carion die stille Revolte der Menschlichkeit in den Schützengräben der Westfront.

Abschließend bleibt in Bezug auf die heutige Zeit festzuhalten: Wenn jemand den Mut besitzt, die Initiative ergreift und die Menschlichkeit bereit dafür sind, kann ein Krieg enden – ungeachtet aller Widerstände und unverzüglich.

6. Quellenverzeichnis

Literatur:

Selbstständig erschienene Literatur:

Arthur, Max: Der Erste Weltkrieg, Das wahre Gesicht des Schreckens, Weltbild, Augsburg, 2008.

Knopp, Guido: Die Bilder des Jahrhunderts, Econ, München, 2003.

Internetquellen:

(1) Becker, Claudia: Erster Weltkrieg, Als Briten und Deutsche Weihnachtsfrieden schlossen, 23.12.2011, http://www.welt.de/kultur/history/article13782421/Als-Briten-und-Deutsche-Weihnachtsfrieden-schlossen.html, 05.02.2013.

(2) Driessen, Christoph: Erster Weltkrieg, Als die Soldaten Frieden schlossen, 25.12.2004, http://www.stern.de/politik/geschichte/erster-weltkrieg-als-die-soldaten-frieden-schlossen-533766.html, 31.01.2013.

(3) Kloth, Hans Michael: Weihachten 1914, Ein bisschen Frieden mitten im Gemetzel, 23.12.2007,

http://einestages.spiegel.de/static/topicalbumbackground/1056/ein_bisschen_frieden_mitten_im_gemetzel.html, 05.02.2013.

Gestaltung des Deckblatts:

Driessen, Christoph: Erster Weltkrieg, Als die Soldaten Frieden schlossen, 25.12.2004, http://www.stern.de/politik/geschichte/erster-weltkrieg-als-die-soldaten-frieden-schlossen-533766.html, 31.01.2013.

Tauber, Peter: Das Weihnachtswunder, 21.12.2011, http://petertauber.files.wordpress.com/2011/12/2011-12-21-das-weihnachtswunder-bild-2.jpg , 31.01.2013.

Tauber, Peter: Das Weihnachtswunder, 21.12.2011, http://petertauber.files.wordpress.com/2011/12/2011-12-21-das-weihnachtswunder-bild-4.jpg , 31.01.2013.

Bilder zur Veranschauung:

Beverley, Chris: My Letter on Remembrance Day and the Christmas Truce of 1914, 17.11.2010, http://morleypatriot.blogspot.de/2010/11/letter-on-remembrance-day-and-christmas.html, 11.03.2013.

Boucher, Michel: Day in History – Christmas Truce – 24 December 1914, 24.12.2012, http://www.c3iopscenter.com/currentops/wp-content/uploads/2012/12/Dec1914ChristmasTruce.jpg, 11.03.2013.

Unbekannter Autor: Denver, Boulder, and Grand Junction Meetings: "The Christmas Truce" and "A Force More Powerful" December 2012, 15.12.2012, http://colorado911visibility.org/img/Christmas%20Truce_soldiers6_newspaper.jpg, 11.03.2013.

Raffelsiefen, Norbert: Merry Christmas, 24.11.2005, http://www.general-anzeiger-bonn.de/freizeit/kino/kinostarts/Merry-Christmas-article72284.html, 11.03.2013.

Cleaver, Alan: Frelinghien Plaque, http://www.christmastruce.co.uk/frelinghien.html, 11.03.2013.

Unbekannter Autor: 1999 errichtetes Holzkreuz im Gedenken an den Weihnachtsfrieden 1914 im Ersten Weltkrieg, Oktober 2004, http://upload.wikimedia.org/wikipedia/commons/thumb/e/e3/Khaki-chums-xmas-truce-1914-1999.redvers.jpg/738px-Khaki-chums-xmas-truce-1914-1999.redvers.jpg, 11.03.2013.

Karte aus dem Anhang:

Lorenz, Erhard: Unser Volks- und Heimatstaat Deutschland, 11.09.2011, http://volks-bundesrath.info/deutschland/Deutsches-Reich-1871-1918zu1937.jpg, 11.03.2013.